MILO
ET LA
PANTHÈRE
SOLITAIRE

Maureen Castelle

Milo observe les pierres magiques héritées de son grand-père. Il rêve des aventures incroyables qu'il pourrait vivre grâce à leur pouvoir de téléportation, tout comme son grand-père autrefois. Il se demande où les pierres pourraient bien le transporter. Un jour, il se décide à explorer les possibilités de ces pierres magiques.

Milo tient les trois pierres dans ses mains. Il a appris la formule magique, et il est impatient de l'essayer.
Il prend une grande inspiration et récite : « Pierres magiques, guidez-moi, transportez-moi à travers les frontières du temps et de l'espace ».

Soudain, Milo a l'impression que chaque atome de son corps est séparé et transporté à travers l'espace. Les couleurs dansent autour de lui. Il se sent aspiré par un tourbillon. Puis les couleurs disparaissent, laissant place à un paysage inconnu. Milo se demande si tout cela n'est qu'un rêve ou s'il a réellement voyagé.

Milo ouvre les yeux, émerveillé par le monde qui l'entoure. Des lianes s'enroulent autour des arbres, créant des cachettes pour les animaux. Les cris des oiseaux et les rugissements des fauves se mélangent. Milo se pince pour vérifier s'il ne rêve pas : il n'en croit pas ses yeux, il se trouve en plein cœur de la jungle ! Milo est résolu à explorer ce nouvel univers, mais ce qu'il ne sait pas encore, c'est que les pierres magiques l'ont transporté ici pour une raison spéciale. Il n'a pas la moindre idée que son voyage va prendre une tournure surprenante...

Il entend un bruit étrange, il s'arrête et retient son souffle. Il se sent de plus en plus nerveux, il a l'impression qu'un danger le guette. Sa curiosité l'emporte et il décide de s'approcher lentement, il se trouve à quelques pas du bruit.
Milo surveille les buissons. C'est alors qu'une petite panthère surgit de derrière les buissons, ce qui le fait tomber dans la boue. Il se relève doucement, mais la panthère ne semble pas effrayée et se met à jouer.

Milo est amusé de voir la petite panthère jouer avec lui.
Il rit en la voyant sauter et courir, heureuse d'avoir
trouvé un compagnon de jeu.
La panthère se tourne vers Milo, elle sourit et lui dit :
– Je m'appelle Asha.
Milo est surpris et répond à son tour en se présentant
aussi.

Ils passent des heures à explorer ensemble. Asha raconte des histoires incroyables sur les animaux de la jungle. Milo est émerveillé par tout ce qu'il apprend de la petite panthère.

Milo, toujours couvert de boue, se tourne vers Asha :

— Dis-moi, est-ce qu'il y a une rivière où je peux me nettoyer ? Asha réfléchit un instant.

— Il y a une cascade magnifique dans un endroit secret. Milo sourit, excité par cette nouvelle découverte et répond :

— Allons-y !

Ils arrivent à la rivière, et découvrent la grande cascade. Milo sourit en admirant la beauté de cet endroit et saute dans l'eau pour se laver. Mais il remarque qu'Asha ne l'a pas suivi. Elle reste sur le bord, le regardant. Milo intrigué lui demande :
— Tu ne viens pas te baigner ? Elle lui répond hésitante :
— Non, je préfère rester au sec. Milo ne pose pas plus de questions.

Il sort de l'eau, se sentant rafraîchi et propre. Asha lui donne une feuille des plus grands arbres de la jungle. Milo en profite pour se sécher et nettoyer les taches de boue qui salissent toujours le pelage d'Asha.

Il est prêt à continuer l'aventure avec sa nouvelle amie.
Asha, propose à Milo de lui montrer un de ses endroits
préférés : le sanctuaire des perroquets.
– C'est un lieu magique où l'on peut observer des
perroquets de toutes les couleurs, dit-elle avec
enthousiasme. Milo, émerveillé, s'exclame :
– Ça a l'air incroyable ! Allons-y !

En arrivant au sanctuaire, Milo est immédiatement captivé par le spectacle coloré qui s'offre à lui. C'est un véritable paradis pour les yeux et les oreilles. Les arbres sont remplis de perroquets aux plumes éclatantes, du rouge flamboyant au bleu azur, en passant par le vert émeraude et le jaune doré.

Milo, curieux de découvrir encore plus sur la vie d'Asha, demande :

– Est-ce que tu pourrais me montrer où vivent les autres panthères et ton village ?

Asha hésite un instant, mais accepte.

Milo est impatient de découvrir où elle habite.

Ils marchent doucement à travers le village.
Milo remarque que toutes les panthères qu'ils croisent
sont noires, alors qu'Asha se démarque avec sa belle
fourrure blanche.
Milo voit qu'elle a l'air triste et inquiète. Il lui demande :
– Es-tu sûr que ça va ? Mais elle ne répond pas.
Il se demande si c'est à cause de sa couleur. Mais il ne
lui pose pas de questions, il préfère observer autour de
lui pour trouver des réponses.

Ils s'approchent doucement d'un groupe de petites panthères noires qui jouent, courant après des papillons. Asha s'approche timidement et leur demande :
— Pouvons-nous jouer avec vous ? L'une d'entre elles ne lui répond pas, la regardant d'un air méfiant. Les autres continuent de jouer en l'ignorant.

Asha semble triste et Milo sait que cela n'est pas la première fois. Il reste à ses côtés pour lui apporter un peu de soutien. Elle propose alors à Milo de continuer leur visite du village, en espérant peut-être trouver d'autres panthères avec qui jouer.

Ils vont vers un groupe de panthères qui travaillent. Asha leur demande d'une petite voix :
– Que construisez-vous ?
Elles expliquent qu'elles creusent un trou pour avoir de l'eau au village. Asha, enthousiaste, propose aussitôt son aide.

Les panthères lui répondent froidement :
— Nous n'avons pas besoin de toi ! Asha se sent rejetée une nouvelle fois. Elle qui a toujours été gentille. Milo, se demande pourquoi ces panthères sont si méchantes avec elle. Et s'il était ici pour aider Asha à retrouver sa place parmi les siens ?

Asha se dirige vers un autre groupe de panthères, tapies dans les branches et les fougères, bien cachées et prêtes pour la chasse. Discrètement, elle les imite, souhaitant participer à la chasse.

Cependant, elle est rapidement repérée par les autres panthères. L'une d'elles chuchote brusquement :

— Asha, que fais-tu ici ? Tu es trop voyante, tu vas faire fuir les proies !

Asha recule, blessée par leurs paroles.

– Je voulais juste aider, murmure-t-elle tristement.

Milo essaie de la rassurer :

– Peut-être que tu es douée pour repérer les pistes des animaux. Asha hoche la tête, reconnaissante du soutien de Milo. Ils repartent ensemble, espérant que les choses s'améliorent pour elle.

Ils s'installent au sommet d'une falaise. Milo est ému de voir Asha si triste et se rappelle de sa propre histoire à l'école. Il lui raconte comment il avait été exclu par ses camarades, car il était le plus petit de sa classe, et des moqueries qui l'avaient fait se sentir seul. Il lui dit :
— Ne sois pas triste à cause du comportement des autres. Ensemble, nous allons trouver une solution.
Asha l'écoute et semble rassurée.

Asha se confie et lui révèle :

– Je suis la seule panthère blanche et parfois, je me sens différente. J'aime jouer dans la boue pour que mon pelage devienne plus foncé comme celui des autres panthères, et je n'aime pas me laver pour rester noire.

Ils se rendent compte que la nuit tombe et qu'il est temps de rentrer au village. Ils se mettent en route et traversent la jungle. Pendant qu'ils marchent, Milo continue son histoire. Il raconte à Asha :
— Mes camarades ont décidé de construire une cabane dans les arbres, mais il leur fallait quelqu'un de petit et léger pour escalader les branches fragiles. Ils ont eu besoin de moi, j'étais le seul à pouvoir le faire.

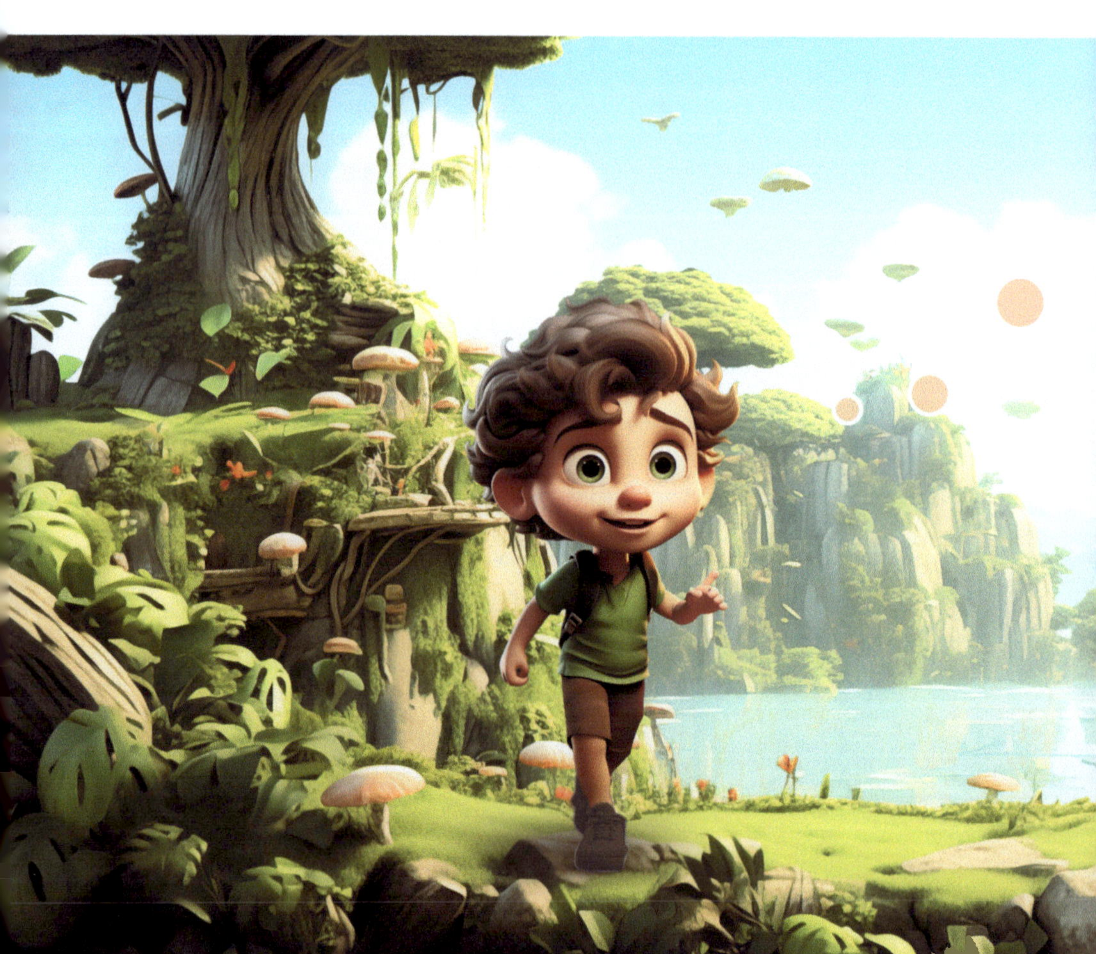

J'ai réalisé que ma différence était une force, et que je ne devais pas être triste de qui je suis.
Après avoir entendu l'histoire de Milo, Asha se sent plus confiante.

Ils avancent dans la nuit noire, Asha marche devant, écartant les branches et surveillant le chemin, Milo la suit de près faisant attention de ne pas se blesser avec les racines sur le sol. Soudain, Asha entend des gémissements provenant de derrière des feuilles.

Elle s'approche et découvre deux petites panthères. Elle leur demande :

– Mais que faites-vous ici toutes seules dans le noir ?

Elles leur expliquent :

– Nous étions en train de jouer et nous sommes allées trop loin dans la jungle et maintenant, nous sommes perdues. Nous avons peur de la nuit et des bruits étranges de la jungle.

Les nuages se dissipent, révélant la pleine lune. Sa lumière se reflète sur le pelage blanc d'Asha, créant une lueur douce tout autour d'elle et éclairant ainsi les alentours. La jungle entière est baignée par cette lumière.

Asha brille dans son pelage blanc. Les deux petites panthères, la regardent avec émerveillement. Leur peur disparaît, remplacée par une sensation de sécurité. Ensemble, ils se mettent en route vers le village. Asha marche éclairant le chemin devant eux. Les petits félins la suivent de près, rassurés par sa présence.

Ils arrivent au village où ils sont accueillis par des cris de joie. Tout le monde était à la recherche des deux petites panthères égarées et s'inquiétait de leur sort. Les petits félins racontent :
— Asha nous a guidées à travers la jungle grâce à son pelage blanc brillant sous la lumière de la lune et nous n'avions plus peur de la nuit en marchant à côté d'elle.

Les panthères écoutent attentivement le récit, les yeux brillants d'admiration pour Asha. Ils ne savaient pas qu'elle était une panthère si spéciale. Elle devient une héroïne à leurs yeux. Asha réalise que son pelage blanc est un atout précieux. Elle se sent fière et heureuse d'être unique.

Les autres jeunes panthères du village sont impatientes de jouer avec leur nouvelle amie. Elles proposent à Milo et Asha de jouer avec elles à cache-cache. Les deux amis acceptent ravis.

Tous veulent être avec Asha, car la lumière brillante de son pelage est un véritable atout pour trouver les autres cachés dans l'obscurité de la jungle. Elle a enfin trouvé sa place et se sent aimée, entourée de ses amis.

Asha les yeux brillants de bonheur se tourne vers Milo :
— Je te remercie pour tout ce que tu as fait pour moi. Je me sens enfin acceptée par les autres panthères grâce à toi. Milo sourit en retour et répond :
— Ce fut un plaisir de partager ces aventures avec toi, et je suis heureux d'avoir pu t'aider.

Les pierres magiques dans la poche de Milo se mettent à scintiller. La mission est terminée et il est temps pour lui de rentrer. Asha se sent un peu triste de le voir partir, mais elle sait qu'ils resteront amis. Ils se sourient l'un l'autre avant que Milo ne disparaisse dans la lumière brillante.

DANS LA COLLECTION
MILO

Milo et la
Licorne

Milo et le
Panda

Milo et le
Pingouin

Milo et le
Lion

Milo et le
Mammouth

Milo et le
Dinosaure

Milo et la
Mouette

Milo et la
Panthère

Milo et la
Princesse

Milo et le
Chat

Milo et le
Dragon

Milo et le
Chien

Milo et le
Cheval

Milo et le
Singe

Milo et
l'Ours polaire

RETROUVEZ LES LIVRES DE MILO EN UN CLIN D'ŒIL.

Dernier mot de l'auteur :

Si ce livre a enchanté vos moments de lecture en famille, n'hésitez pas à partager votre avis. Nous aimerions savoir ce que vous en avez pensé. Votre retour est précieux pour moi en tant qu'auteur, et il aide d'autres lecteurs à découvrir cette aventure magique. Merci d'avance pour votre soutien !

LES PELUCHES DES AMIS DE MILO

♡ ASHA LA PANTHÈRE

Adopte ta peluche des aventures de Milo et vis de belles histoires avec ton nouvel ami !

Tirage au sort !

Un tirage par mois.

SURPRISE

Toi aussi tente de gagner ta peluche

CHOISISSEZ ET IMPRIMEZ DES COLORIAGES DE VOTRE LIVRE PRÉFÉRÉ DE MILO !

Nous sommes ravis de vous annoncer que vous pouvez choisir et imprimer des coloriages inspirés de votre livre préféré de Milo ! Il vous suffit de scanner le QR code pour accéder à une sélection de superbes dessins prêts à être colorés.

MILO
ET LA
PANTHÈRE

© 2024 Maureen Castelle
Édition : BoD · Books on Demand GmbH, In de Tarpen 42, 22848 Norderstedt (Allemagne)
Impression : Libri Plureos GmbH, Friedensallee 273, 22763 Hamburg (Allemagne)
ISBN : 978-2-3225-0523-4
Dépôt légal : Octobre 2024